Mis primeros libros de ciencia

Podría Ser Un Mamífero

ANDERSON ELEMENTARY SCHOOL

por Allan Fowler

Fotografías proporcionadas por: Fotos VALAN
Versión en español de Aída E. Marcuse

Asesores:
Dr. Robert L. Hillerich, Universidad
Estatal de Bowling Green, Bowling Green, Ohio

Mary Nalbandian, Directora de Ciencias de las
Escuelas Públicas de Chicago, Chicago, Illinois

CHILDRENS PRESS ®
CHICAGO

Diseño de la tapa y diagramación de los libros de esta serie:
Sara Shelton

Catalogado en la Biblioteca del Congreso bajo:

Fowler, Allan.
    Podría ser un mamífero / por Allan Fowler
      p. cm.—(Mis primeros libros de ciencia)
    Resumen: Describe las características de los mamíferos y
provee ejemplos específicos, tales como: la ballena, el
murciélago, el canguro y los cachorros.
    ISBN 0-516-34903-1
    1. Mamíferos—Juvenil. [1. Mamíferos] I. Título. II.
Series.
    QL706.2.F69   1990   90-2161
    599—dc20   CIP
                                         AC

¿Cómo sabes que es un mamífero?

Si tiene un espinazo y pelo o piel peluda, sangre caliente y sus hijos beben leche que extraen del cuerpo de la madre—¡es un mamífero!

Los perros son mamíferos.

Las vacas son mamíferos.

Y los caballos también son mamíferos.

Y...¿qué es si se parece a un pez y vive en el océano? También podría ser un mamífero

como la ballena

o el delfín.

Y...¿qué es si tiene las patas parecidas a aletas? También podría ser un mamífero

como el lobo marino

o la morsa.

Y...¿qué es si vuela como un pájaro? También podría ser un mamífero

como el murciélago.

Los pandas, los demás osos y casi todos los mamíferos tienen pelo o piel peluda.

Pero este mamífero está
recubierto de espinas:
¡Es el puercoespín!

Y este mamífero, el armadillo,
vive encerrado en una dura
caparazón.

Un bebé canguro vive en el
bolsillo de su madre.

Un mamífero puede ser tan pequeño como el ratón

o tan grande como el elefante,

tan gordo como el hipopótamo

o tan alto como la jirafa.

Puede ser tan juguetón como un gatito

o tan listo como el chimpancé.
Y aún así es un mamífero.

Pero...¿sabes quién es el mamífero más inteligente del mundo entero?

¡Eres tú!

Así es...¡los seres humanos también somos mamíferos!

Palabras Que Conoces

Es un mamífero.

Tiene espinazo.
Tiene pelo o piel peluda.
Tiene sangre caliente.
Los hijos beben leche que extraen del cuerpo de la madre.

armadillo

murciélago

oso

chimpancé

vaca

perro

delfín

elefante

jirafa

hipopótamo

caballo

canguro

gatito

ratón

panda

puercoespín

lobo marino

morsa

ballena

Índice Alfabético

Acerca del autor:

Allan Fowler es un escritor independiente, graduado en publicidad. Nació en New York, vive en Chicago y le encanta viajar.

Fotografías:

Valan—Robert C. Simpson, Tapa, 21, 30 (abajo derecha); J. A. Wilkinson, 5, 29 (centro derecha); Val y Alan Wilkinson, 6, 29 (centro izquierda); Michael J. Johnson, 7, 30 (centro izquierda); Fred Bruemmer, 9, 13, 31 (centro derecha y abajo); Kennon Cooke, 10, 28 (arriba), 29 (abajo izquierda); S. J. Krasemann, 12, 23, 30 (arriba derecha), 31 (centro izquierda); Wayne Lankinen, 15, 28 (abajo derecha); Aubrey Lang, 16, 17, 29 (arriba izquierda), 31 (arriba izquierda); Albert Kuhnigk, 18, 31 (arriba derecha); Karl Weidmann, 19, 28 (abajo izquierda); John Cancalosi, 20, 30 (centro derecha); Arthur Christiansen, 22, 24, 29 (abajo derecha), 30 (abajo izquierda); Wouterloot-Gregoire, 25, 30 (abajo izquierda); Marguerite Servais, 26, 29 (arriba derecha).

TAPA: Panda

DATE DUE
